Veggie**KNÖDEL**

Sabine Fuchs • Susanne Heindl

VeggieKNÖDEL

herzhaft & süß

Jan Thorbecke Verlag

VERLAGSGRUPPE PATMOS

PATMOS
ESCHBACH
GRÜNEWALD
THORBECKE
SCHWABEN

Die Verlagsgruppe
mit Sinn für das Leben

Für die Schwabenverlag AG ist Nachhaltigkeit ein wichtiger Maßstab ihres
Handelns. Wir achten daher auf den Einsatz umweltschonender Ressourcen
und Materialien.

Gestaltung: FUCHS DESIGN, München
Druck: Firmengruppe APPL, Wemding
Hergestellt in Deutschland
ISBN 978-3-7995-1110-0

In**HALT**

VorWORT

Wir lieben Knödel, weil vegetarische Gerichte so auch traditionellen Essern
schmecken.
Für die perfekten Knödel sollten allerdings einige Punkte
bei der Zubereitung beachtet werden:

Knödel brauchen Platz:
Daher zum Garen einen großen Topf nehmen.

Knödel mögen es feucht oder staubig:
Deswegen diese auf eine mit Wasser befeuchtete Platte
oder ein bemehltes Brett legen.

Knödel nur mit Generalprobe:
Einen Probeknödel in das erhitzte Wasser geben. Wenn der Knödel zerfällt,
dann geben Sie zum Teig noch etwas Grieß oder Mehl dazu.

Knödel werden gerne bewegt:
Den Topf während der Garzeit immer wieder leicht rütteln,
so steigen die Knödel an die Oberfläche!

Gutes Gelingen!
Sabine Fuchs und Susanne Heindl

7

Basic-
KNÖDEL

✕✕✕✕✕✕✕✕✕✕✕✕✕✕✕✕✕✕✕✕✕✕✕✕✕✕✕✕✕✕✕

Das Wort „Knödel" stammt vom lateinischen Wort
„nodus", welches „Knoten" bedeutet.

Kartoffel**KNÖDEL**

xxx Die Kartoffeln kochen, schälen und noch warm
durch eine Kartoffelpresse drücken. Die Kartoffeln
in eine große Schüssel geben, das Mehl und das Salz
zufügen und mischen.

xxx Die Butter in einem kleinen Töpfchen schmelzen,
über den Teig geben und diesen fest durchkneten.

xxx Einen großen Topf mit Salzwasser erhitzen,
ca. 8 Knödel formen und ins heiße Wasser geben.
Sofort die Temperatur reduzieren und die Knödel
ca. 30 Minuten ziehen lassen.

Für 4 Personen/8 Knödel
700 g mehligkochende
   Kartoffeln
220 g Mehl
1 TL Salz
20 g Butter

Semmel**KNÖDEL**

xxx Das Knödelbrot grob hacken und in eine große Schüssel geben. Die Milch lauwarm erwärmen, über die Brotwürfel geben und die Brotwürfel ca. 30 Minuten quellen lassen.

xxx Einen Topf mit Salzwasser zum Kochen bringen. Die Petersilie waschen, trocken schütteln und ohne Stiele fein hacken.

xxx Die Eier zu den Brotwürfeln geben und mit Salz, Pfeffer und Muskat würzen. Anschließend den Teig durchkneten und ca. 8 Semmelknödel formen. Vorsichtig die Knödel in das heiße Wasser geben und ca. 15 Minuten ziehen lassen.

xxx Die Knödel aus dem Wasser nehmen und zum Servieren etwas frische Petersilie auf die Knödel geben.

Für 4 Personen/8 Knödel

250 g Knödelbrot
200 ml Milch
Salz
ein paar Stiele frische Petersilie
    zum Garnieren
4 Eier
Pfeffer
frisch geriebene Muskatnuss

Brezel-Servietten-KNÖDEL

xxx Die Brezeln in dünne Scheiben schneiden und in eine große Schüssel geben. Die Milch lauwarm erwärmen, über die Brezelscheiben geben und das Ganze ca. 30 Minuten quellen lassen.

xxx Die Zwiebel schälen und in feine Würfel schneiden. Anschließend ein Stück Butter in einer Pfanne schmelzen und die Zwiebelwürfel darin glasig dünsten.

xxx Die Petersilie waschen, trocken schütteln und ohne Stiele fein hacken. Die Eier, die Zwiebelwürfel und die Petersilie zu den eingeweichten Brezelscheiben geben und mit Salz und Pfeffer würzen. Anschließend den Teig durchkneten und ca. 15 Minuten ruhen lassen.

xxx Das Geschirrtuch anfeuchten, ausbreiten und den Knödelteig in der Mitte des Geschirrtuchs zu einer Rolle formen. Am Ende und Anfang des Geschirrtuchs etwas Platz lassen, damit die Enden mit dem Küchengarn geschlossen werden können. Nun die Knödelmasse in das Tuch einschlagen und die Enden mit dem Küchengarn gut verschließen.

xxx In einem länglichen Topf oder Bräter Salzwasser zum Kochen bringen und die eingewickelte Knödelrolle so ins Wasser legen, dass sie ganz bedeckt ist. Die Temperatur reduzieren und die Knödel ca. 30 Minuten ziehen lassen. Anschließend die Knödelrolle aus dem Wasser nehmen, auswickeln und in Scheiben schneiden.

Für 4 Personen/ 1 Brezel-Servietten-Knödel

24 Brezeln vom Vortag
  (ca. 280 g)
250 ml Milch
1 kleine Gemüsezwiebel
etwas Butter
½ Bund Petersilie
4 Eier
Salz
Pfeffer

Außerdem

1 Stoffserviette oder
  Geschirrtuch
Küchengarn
länglicher Topf oder Bräter

Grieß**KNÖDEL**

xxx   Die Semmeln in dünne Scheiben schneiden und grob hacken. Dann die Semmelstücke in eine Schüssel geben und mit den Eiern vermengen. Den Hartweizengrieß in eine zweite Schüssel geben, den Sauerrahm einrühren und ca. 1 Stunde quellen lassen.

xxx   Die Semmel-Ei-Mischung, den Sauerrahm-Grieß und das Salz vermengen und ca. 6 Knödel formen. Salzwasser in einem großen Topf zum Kochen bringen, die Temperatur verringern und die Knödel ins Salzwasser legen. Die Knödel ca. 25 Minuten ziehen lassen.

x*Tipp*x
Grießknödel schmecken besonders lecker mit richtig viel Sauce wie z.B. Zwiebelrotweinsauce oder mit Rahmschwammerl.

Für 6 Personen/6 Knödel
2 Semmeln (Brötchen)
2 Eier
210 g Hartweizengrieß
300 g Sauerrahm
¾ TL Salz

17

Gefüllte *Polenta*KNÖDELCHEN

xxx Den Gemüsefond mit 1 TL Butter in einem größeren Topf erhitzen. Dann den Maisgrieß unter ständigem Rühren in den Fond geben und kurz aufkochen lassen. Die Hitze stark reduzieren, den frisch geriebenen Parmesan unterrühren und den Maisgrieß 30 Minuten quellen lassen, dabei immer wieder mit einem Löffel umrühren. Anschließend mit Salz und Pfeffer abschmecken.

xxx Die Schalotte und die Knoblauchzehe schälen und in kleine Würfel schneiden. 1 EL Öl der sonnengetrockneten Tomaten in eine beschichtete Pfanne geben und die Schalotten- und die Knoblauchwürfel darin andünsten. Die sonnengetrockneten Tomaten in feine Würfel schneiden und mit den Schalotten- und Knoblauchwürfeln vermischen.

xxx Wenn die Polenta etwas abgekühlt ist, mit den Händen ca. 5 cm große Knödel formen, die mit etwas Tomatenmasse gefüllt werden. Anschließend Butter in einer beschichteten Pfanne schmelzen und die Knödel darin rundum goldbraun anbraten.

x*Tipp*x
Zu den gefüllten Polentaknödelchen passt sehr gut ein Tomaten-Kapern-Sugo. Sehr lecker schmecken die Polentaknödelchen auch, wenn sie mit Käse überbacken werden.

Für 4 Personen/12 Knödel
800 ml Gemüsefond
1 TL Butter
200 g Maisgrieß (Polenta)
60 g frisch geriebener Parmesan
Salz
Pfeffer
1 Schalotte
1 kleine Knoblauchzehe
100 g sonnengetrocknete
  Tomaten in Öl
Butter zum Anbraten

19

Kleine, feine
KNÖDEL

*In Süddeutschland, Österreich und Südtirol nennt man
Klöße Knödel – je nach Region heißt es der oder das Knödel.*

Quinoa**KNÖDEL**

xxx Die Quinoa und die Gemüsebrühe in einem kleinen Topf aufkochen. 5 Minuten bei niedriger Hitze köcheln lassen. Den Topf beiseitestellen und die Quinoa 15 Minuten quellen lassen.

xxx Die Karotte oder Pastinake schälen und fein reiben, die Petersilie hacken. Die Quinoa in eine Schüssel geben. Die geriebene Karotte, die Petersilie und das Ei dazugeben, alles gut verrühren.
Das Mehl in die Quinoamasse gut einkneten und diese weitere 10 Minuten ruhen lassen.

xxx Ca. 12 kleine Knödel formen, in einem Siebeinsatz über kochendem Wasser 15–20 Minuten dämpfen.

x*Tipp*x
Die Quinoaknödel schmecken gut mit Gemüse!

Für 4 Personen/12 Knödel
150 g Quinoa
200 ml Gemüsebrühe
1 Karotte oder 1 kleine Pastinake
3 EL gehackte Petersilie
1 Ei
75 g Mehl
Salz
Pfeffer

Schwarzbrot**NOCKEN**

xxx Das Schwarzbrot am besten am Vortag in 2 mm dicke Scheiben schneiden und grob hacken.

xxx Den Schnittlauch waschen, trocken schütteln und in Ringe schneiden. Die Gemüsezwiebel schälen, in Würfel schneiden und in ca. 20 g Butter goldbraun anrösten.

xxx Den Bergkäse würfeln. Den Sauerrahm, die Eier, die Milch, die Eier sowie etwas Salz und groben Pfeffer in einer großen Schüssel verrühren und die Brotwürfel untermischen. Das Ganze ca. 20 Minuten quellen lassen und anschließend den Bergkäse, den Schnittlauch, die Zwiebelwürfel mit dem Bratfett und das Mehl hinzufügen. Die Masse evtl. mit Salz und groben Pfeffer nachwürzen, kräftig durchkneten und mit den Händen flache Nocken formen.

xxx In einer beschichteten Pfanne Butter zerlassen und die Nocken langsam rundum anbraten.

x*Tipp* x
Besonders gut schmecken die Schwarzbrotnocken mit einem Schnittlauch-Sauerrahm-Dip und Feldsalat.

Für 5 Personen/10 Nocken
250 g altbackenes Schwarzbrot
½ Bund Schnittlauch
1 kleine Gemüsezwiebel
Butter
100 g Bergkäse
50 g Sauerrahm
70 ml Milch
2 Eier
Salz
grober Pfeffer
2 EL Mehl

Maroni**GNOCCHI**

✕✕ Die Maronen 10 Minuten in der Gemüsebrühe köcheln lassen. Die Brühe abgießen, die Maronen in eine Schüssel geben und mit dem Pürierstab pürieren.

✕✕ Die Kartoffeln waschen und mit der Schale ca. 20 Minuten in Wasser kochen. Das Wasser abgießen und die Schale abziehen. Die Kartoffeln vierteln und noch heiß durch eine Kartoffelpresse geben. Das Maronenpüree, das Mehl und die Eier unter die Kartoffelmasse kneten.

✕✕ Aus dem Teig etwa vier gleich große Rollen mit ca. 2 cm Durchmesser formen. Mit einem Messer ca. 1 cm breite Stücke abschneiden und mit einer Gabel die typischen Gnocchi-Rillen in die Teigstücke eindrücken. Mit einem Küchenhandtuch abdecken und 1 Stunde kühl stellen.

✕✕ Die Gnocchi in siedendem Salzwasser in 2 Portionen je etwa 5 Minuten gar ziehen lassen, bis sie an die Wasseroberfläche steigen. Mit einer Schaumkelle herausnehmen, abtropfen lassen und bis zum Verzehr warm stellen.

Für 4 Personen / 32 Gnocchi

250 g vorgegarte vakuumierte
  Maronen
125 ml Gemüsebrühe
600 g vorwiegend festkochende
  Kartoffeln
200 g Mehl
2 Eier
Salz
Pfeffer

Hirse-Linsen-KNÖDEL

✖✖ Die Linsen waschen. Die Linsen zusammen mit der Hirse in 3 Tassen Wasser und 1 TL Gemüsebrühe zum Kochen bringen, bei kleiner Hitze ca. 20 Minuten köcheln lassen. Anschließend bei geschlossenem Deckel 20 Minuten ziehen lassen.

✖✖ Den Backofen auf 160 °C vorheizen.

✖✖ Die Chilischote fein hacken. Den Knoblauch schälen, in die Hirse-Linsen-Mischung pressen, die Chilischote hinzufügen und alles gut vermengen. Die Zwiebel schälen, fein hacken und in reichlich Olivenöl anbraten.

✖✖ Den Koriander fein wiegen. Die Zwiebel und den Koriander zur Hirse-Linsen-Mischung geben, gut verrühren, mit Salz und Pfeffer abschmecken.

✖✖ Aus der Masse kleine Knödel formen und auf ein mit Backpapier belegtes Blech legen. Im vorgeheizten Backofen bei ca. 160 °C 10–15 Minuten trocknen lassen.

✖✖ Besonders gut schmecken die Hirse-Linsen-Knödel, wenn man Sie am Schluss noch einmal in reichlich Olivenöl in einer Pfanne anbrät.

x *Tipp* x
Ein Kräuterquark ist die optimale Beilage zu den Hirse-Linsen-Knödeln.

Für 4 Personen/16 Knödel
1 Tasse rote Linsen (250 ml)
125 g Hirse
1 TL Instant-Gemüsebrühe
1 getrocknete Chilischote
1 Knoblauchzehe
1 Zwiebel
Olivenöl
2 EL frischer Koriander
Salz
Pfeffer

Kraut**NOCKEN**

xxx Den Strunk des Weißkohls entfernen, das Kraut klein schneiden, mit Salz würzen und eine Stunde Wasser ziehen lassen.

xxx Das Wasser abgießen und das Kraut in 40 g Butter weichdünsten. 30 g Semmelbrösel zu dem Kraut geben, gut durchmischen und abkühlen lassen. Das Mehl und die Eier zu der Krautmasse geben, gut durchkneten und mit bemehlten Händen zu kleinen Nocken formen.

xxx Wasser zum Kochen bringen, die Temperatur reduzieren und die Nocken 10–15 Minuten im siedenden Wasser ziehen lassen.

xxx Die übrigen Semmelbrösel in der restlichen Butter in einer Pfanne anbräunen und die Nocken darin wälzen.

Für 4 Personen/16 Nocken

1 kleiner Weißkohl (ca. 750 g)
Salz
70 g Butter
70 g Semmelbrösel
375 g Mehl
2 Eier

Tomaten**GNOCCHI**

xxx Die Kartoffeln waschen und mit der Schale ca. 20 Minuten in Wasser kochen. Das Wasser abgießen und die Schale abziehen. Die Kartoffeln vierteln und noch heiß durch eine Kartoffelpresse geben.

xxx Die getrockneten Tomaten klein hacken. Das Mehl und die Eigelbe unter die Kartoffelmasse kneten. Das Tomatenmark und die getrockneten Tomaten zugeben und einkneten, bis der Teig eine gleichmäßige rote Farbe hat. Mit Salz und Pfeffer würzen.

xxx Aus dem Teig etwa vier gleich große Rollen mit ca. 2 cm Durchmesser formen. Mit einem Messer ca. 1 cm breite Stücke abschneiden und mit einer Gabel die typischen Gnocchi-Rillen in die Teigstücke eindrücken. Mit einem Küchenhandtuch abdecken und 1 Stunde kühl stellen.

xxx Die Gnocchi in siedendem Salzwasser in 2 Portionen je etwa 5 Minuten gar ziehen lassen, bis sie an die Wasseroberfläche steigen. Mit einer Schaumkelle herausnehmen, abtropfen lassen und bis zum Verzehr warm stellen.

Für 4 Personen/40 Gnocchi

1 kg mehligkochende Kartoffeln
70 g getrocknete Tomaten
200 g Mehl
2 Eigelb
2 EL Tomatenmark
Salz
Pfeffer

MangoldGNOCCHI

××× Die Kartoffeln waschen und mit der Schale ca. 20 Minuten in Wasser kochen. Das Wasser abgießen und die Schale abziehen. Die Kartoffeln vierteln und noch heiß durch eine Kartoffelpresse geben.

××× Die Mangoldblätter von den Stielen zupfen, kurz in kochendem Wasser blanchieren und fein hacken. Die Stiele beiseitestellen.

××× Den Mangold, das Mehl und die Eigelbe unter die Kartoffelmasse kneten. Mit Salz und Pfeffer würzen. Aus dem Teig etwa vier gleich große Rollen mit ca. 2 cm Durchmesser formen. Mit einem Messer ca. 1 cm breite Stücke abschneiden und mit einer Gabel die typischen Gnocchi-Rillen in die Teigstücke eindrücken. Mit einem Küchenhandtuch abdecken und 1 Stunde kühl stellen.

××× Die Gnocchi in siedendem Salzwasser in 2 Portionen je etwa 5 Minuten gar ziehen lassen, bis sie an die Wasseroberfläche steigen. Mit einer Schaumkelle herausnehmen, abtropfen lassen und bis zum Verzehr warm stellen.

Für 4 Personen/40 Gnocchi
700 g mehligkochende
   Kartoffeln
750 g Mangold
200 g Mehl
2 Eigelb
Salz
Pfeffer

34

Gemüse-
KNÖDEL

※※※※※※※※※※※※※※※※※※※※※※※◇※※※※※※※※※※※※※※※※※※※※※※※

*Das tschechische knedlík, das italienische canederli
sowie das französische quenelle stammen vom
deutschen Wort „Knödel" ab.*

Spinat**KNÖDEL**

xxx Das Weißbrot in feine Würfel schneiden und in eine große Schüssel geben. Die Milch lauwarm erwärmen, über die Brotwürfel geben und die Brotwürfel ca. 30 Minuten quellen lassen.

xxx Den Babyblattspinat waschen, trocken schleudern und grob hacken. Anschließend in wenig Salzwasser ca. 10 Minuten leicht köcheln lassen, abgießen und gut ausdrücken.

xxx Die Petersilie ebenfalls waschen, trocken schütteln und ohne Stiele fein hacken. Die Gemüsezwiebel und die Knoblauchzehe schälen und in feine Würfel schneiden. Dann die Butter in einer beschichteten Pfanne schmelzen und die Zwiebel- und Knoblauchwürfel darin dünsten, bis sie glasig sind. Den Bergkäse grob, den Parmesan fein reiben.

xxx Wenn alle Zutaten abgekühlt sind, die Zwiebel- und Knoblauchwürfel, den Babyblattspinat, den Bergkäse, den Parmesan, die Eier und die Petersilie zu den Brotwürfeln geben und mit einem Sieb das Mehl über die Mischung stäuben. Im Anschluss mit Muskat, Salz und Pfeffer würzen und mit den Händen kräftig durchmischen.

xxx In der Zwischenzeit einen Topf mit Salzwasser zum Kochen bringen und aus dem Knödelteig ca. 8 Spinatknödel formen. Vorsichtig die Knödel in das heiße Wasser geben, die Temperatur reduzieren und die Knödel ca. 10 Minuten leicht köcheln lassen.

Für 4 Personen/8 Knödel

200 g Weißbrot vom Vortag
200 ml Milch
130 g Babyblattspinat
Salz
½ Bund Petersilie
1 Gemüsezwiebel
1 Knoblauchzehe
30 g Butter
60 g Bergkäse
40 g Parmesan
2 Eier
5 EL Mehl
frisch geriebene Muskatnuss
Pfeffer

x*Tipp*x
Spinatknödel schmecken am besten mit zerlassener Butter und Parmesan.

Kürbis**NOCKEN**

Die Kürbiskerne grob hacken. Die Knoblauchzehe schälen, in kleine Würfel schneiden und in 1 EL Olivenöl leicht anbräunen. Dann die Knoblauchwürfel aus dem Öl nehmen und die Kürbiskerne im verbleibenden Knoblauchöl anrösten. Abschließend die Kürbiskerne mit groben Meersalz würzen und in ein Schälchen füllen.

Den Kürbis entkernen, waschen, in Stücke schneiden und mit Olivenöl bestreichen. Nun die Kürbisstücke bei 180 °C ca. 20 Minuten im Backofen weich garen. Solange der Kürbis noch heiß ist, diesen mit einem Zauberstab pürieren und in eine große Schüssel geben. Nun den Hartweizengrieß, den Quark, den Knoblauch, die Eier, den Zimt, die Vanille, den Ahornsirup sowie etwas Salz und Pfeffer hinzufügen und kräftig vermischen.

Einen großen Topf mit Salzwasser erhitzen, mit zwei Esslöffeln ca. 16 Nocken abstechen und ins kochende Wasser setzen. Die Nocken ca. 10 Minuten leicht köcheln und anschließend 5 Minuten ziehen lassen.

Zum Servieren etwas Kürbiskernöl und die gerösteten Kürbiskerne über die Nocken geben.

Für 4 Personen/16 Nocken

4 EL Kürbiskerne
1 Knoblauchzehe
Olivenöl
grobes Meersalz
500 g Hokkaidokürbis
   (ca. 350 g entkernt)
170 g Hartweizengrieß
100 g Quark (Rahmstufe)
2 Eier
1 Msp. Zimt
etwas Vanille aus der Mühle
1 EL Ahornsirup
Salz
Pfeffer
Kürbiskernöl

Rote-Bete-KNÖDEL

xxx Die Rote Bete waschen und ungeschält in kochendes Wasser geben, 40 Minuten gar kochen. Die Rote Bete aus dem Wasser nehmen und etwas auskühlen lassen, anschließend schälen – am besten mit Handschuhen – und in kleine Würfel schneiden.

xxx Das Weißbrot in kleine Würfel schneiden, in eine Schüssel geben und die Milch darübergießen. Etwa 30 Minuten stehen lassen.

xxx Die Zwiebeln schälen, hacken und in etwas Olivenöl anbraten. Die Rote Bete, die Eier, die Zwiebeln und den frisch geriebenen Meerrettich zu dem eingeweichten Weißbrot geben und gut vermengen. 2 EL Mehl unterkneten. Den Teig kräftig salzen und pfeffern, anschließend 15 Minuten ruhen lassen.

xxx Mit dem restlichen Mehl die Hände bemehlen und aus dem Teig ca. 16 kleine Knödel formen. Wasser zum Kochen bringen, die Temperatur herunterdrehen und die Knödel in leicht siedendem Wasser 15 Minuten ziehen lassen.

x Tipp x
Die Rote-Bete-Knödel schmecken köstlich mit frisch geriebenem Bergkäse, zerlassener Butter und Dill.

Für 4 Personen/ 16 kleine Knödel
250 g Rote Bete
200 g altes Weißbrot
150 ml Milch
2 kleine Zwiebeln
Olivenöl zum Anbraten
2 Eier
1 TL frisch geriebener Meerrettich
3 EL Mehl
Salz
Pfeffer

Waldpilz**KNÖDEL**

xxx Die Semmeln in dünne Scheiben schneiden und grob hacken. Die Semmelwürfel in eine Schüssel geben, mit den Eiern vermischen und quellen lassen.

xxx Die Petersilie waschen, trocken schütteln und ohne Stiele fein hacken. Die Waldpilze säubern, in Scheiben schneiden und kurz in heißem Wasser blanchieren. Anschließend gut ausdrücken und mit einem Wiegemesser zerkleinern.

xxx Einen großen Topf Salzwasser zum Kochen bringen. Alle Zutaten vermischen und mit Salz und Pfeffer würzen. Anschließend den Teig durchkneten und ca. 16 kleine Knödel formen. Vorsichtig die Knödel in das heiße Wasser geben, die Hitze reduzieren und die Knödel ca. 7 Minuten ziehen lassen.

x *Tipp* x
Besonders gut passt zu den Waldpilzknödeln Rahmwirsing oder Spinat.

Für 4 Personen/
16 kleine Knödel
4 Semmeln (Brötchen)
4 Eier
½ Bund Petersilie
400 g Waldpilze
Salz
Pfeffer

Kürbis-Couscous-BÄLLCHEN

xxx   Den Backofen auf 160 °C vorheizen. Den Kürbis waschen und vierteln. Mit einem Esslöffel entkernen und in schmale Spalten schneiden. Den Kürbis in eine ofenfeste Form legen, mit dem Olivenöl beträufeln, salzen, pfeffern und ca. 20 Minuten im Backofen weichgaren.

xxx   Den weichen Kürbis noch heiß in eine große Schüssel geben und mit dem Pürierstab pürieren. Den Cousous unter das Kürbispüree rühren und mindestens 30 Minuten ziehen lassen, damit der Couscous weich wird.

xxx   Die Zwiebel schälen, fein hacken und in Olivenöl anbraten, die Petersilie hacken, dann zusammen mit dem Kreuzkümmel unter die Kürbis-Couscous-Mischung mengen und gut verrühren. Mit Salz und Pfeffer abschmecken.

xxx   Aus der Masse kleine Bällchen formen und auf ein mit Backpapier belegtes Blech legen. Im vorgeheizten Backofen bei ca. 160 °C 10–15 Minuten „trocknen" lassen.

xxx   Besonders gut schmecken die Kürbis-Cousous-Bällchen, wenn man Sie am Schluss noch einmal in reichlich Olivenöl in einer Pfanne anbrät.

x **Tipp** x
Die Kürbis-Couscous-Bällchen sind ein perfekter Falafel-Ersatz und schmecken sehr gut im Falafel-Brot mit Salat und Joghurtsauce.

Für 4 Personen/
16 Bällchen
1 kleiner Hokkaidokürbis
4 EL Olivenöl +
   etwas zum Braten
Salz
Pfeffer
125 g Couscous
1 kleine rote Zwiebel
2 EL gehackte Petersilie
1 TL Kreuzkümmel

47

KNÖDEL
mit Fernweh

✕✕

✕✕✕

Seit dem 19. Jahrhundert sind Knödel
auch auf festlichen Menükarten zu finden.
Ludwig II., König von Bayern, liebte Hechtknödel
und führte so die Knödel in die
bessere Gesellschaft ein.

Wirsing**MALFATTI**

Für 4 Personen/20 Nocken
100 g Zwiebeln
50 g Butter
350 g Wirsing
100 g geriebener Bergkäse
250 g Ricotta
2 Eier
130 g Mehl
Salz
Pfeffer

✕✕✕ Die Zwiebeln fein würfeln und in einer Pfanne in der Butter glasig dünsten. Beiseitestellen. Den Wirsing waschen, putzen und die Stiele von den Wirsingblättern schneiden. Anschließend ca. 7 Minuten in sprudelndem Wasser kochen lassen.

✕✕✕ Den Wirsing in einem Sieb kalt abschrecken und abtropfen lassen. Sehr gut ausdrücken, fein hacken und mit den Zwiebeln vermischen.

✕✕✕ Den Bergkäse fein reiben. Den Ricotta, die Eier und den geriebenen Käse glattrühren. Mit der Wirsingmasse vermischen und das Mehl unterrühren. Mit Salz und Pfeffer würzen.

✕✕✕ In einem Topf reichlich Wasser zum Kochen bringen und salzen. Mit bemehlten Händen aus der Ricottamasse kleine Nocken formen und ins leicht köchelnde Wasser gleiten lassen. Die Malfatti darin bei schwacher Hitze ca. 10 Minuten ziehen lassen. Mit einer Schöpfkelle vorsichtig aus dem Wasser nehmen.

×*Tipp*×
Gut schmecken die Malfatti mit getrockneten Tomaten, die man klein geschnitten kurz in Olivenöl erhitzt.

WARENIKI

xxx Die Hälfte des Mehls, die Eier, 1 TL Salz und
das Wasser in eine Schüssel geben und mit dem
Knethaken durchrühren. Nach und nach das restliche Mehl zugeben und am Schluss den Teig mit
den Händen kneten. Anschließend den Teig in eine
Frischhaltefolie einschlagen und ca. 30 Minuten
im Kühlschrank ruhen lassen.

xxx Die Kartoffeln schälen, in Stücke schneiden
und in leicht gesalzenem Wasser gar kochen. Die
Gemüsezwiebeln schälen, in feine Würfel schneiden
und in 20 g Butter leicht anbräunen. Nun die ab-
gegossenen Kartoffelstücke in eine Schüssel geben,
die Hälfte der Zwiebelwürfel, 20 g Butter sowie Salz
und Pfeffer hinzufügen und mit einem Kartoffel-
stampfer zu einem Brei verarbeiten.

xxx Den Teig auf einer bemehlten Arbeitsfläche
ca. 2 mm dick ausrollen und Kreise ausstechen.
Die Teigkreise in Mehl wenden und mit dem Nudelholz etwas flacher ausrollen. Pro Kreis einen Klecks
Kartoffelstampf in die Mitte geben und die Teigkreise zu Teigtaschen formen.

xxx Die Crème fraîche in ein Schälchen geben, die
restlichen Zwiebeln hinzufügen und mit Salz, Pfeffer
und Gartenkresse verfeinern.

xxx Einen großen Topf Salzwasser zum Kochen
bringen und die Teigtaschen ca. 4 Minuten leicht
köcheln lassen. Die abgetropften Wareniki auf
Teller verteilen und mit Crème fraîche anrichten.

Für 4 Personen/
20 Teigtaschen

400 g Mehl +
   etwas zum Ausrollen
2 Eier
Salz
100 ml Wasser
600 g mehligkochende
   Kartoffeln
2 Gemüsezwiebeln
40 g Butter
Pfeffer
1 Becher Crème fraîche
1 Kästchen Gartenkresse

Süßkartoffel**KNÖDELCHEN**

xxx Die Süßkartoffeln schälen und in Würfel schneiden. Die Bananen ebenfalls schälen und in Scheiben schneiden.

xxx 5 EL Sonnenblumenöl in einer kleinen beschichteten Pfanne erhitzen und die Kokosraspel darin goldbraun anrösten. Anschließend die Kokosraspel aus der Pfanne nehmen und beiseite stellen. Nochmals 6 EL Sonnenblumenöl in die Pfanne geben und die Süßkartoffelwürfel ca. 5 Minuten anbräunen und leicht salzen. Nun die Bananenscheiben mit 1 Dose Kokosmilch dazugeben und ca. 10 Minuten köcheln lassen. 1 weitere Dose Kokosmilch, 200 g Polentagrieß, die angerösteten Kokosraspel und den Ahornsirup einrühren und ca. 20 Minuten quellen lassen.

xxx Den Teig zu kleinen Knödeln formen und in einem kleinen Topf mit heißem Öl portionsweise ca. 5–7 Minuten rundum frittieren. Die Knödelchen immer wieder vorsichtig mit einem Holzspatel anheben, da sie gerne am Topfboden ankleben. Anschließend vorsichtig aus dem Topf nehmen und auf Küchenkrepp abtropfen lassen.

x **Tipp** x
Die Knödelchen schmecken lecker zu einer Sweet-Hot-Chili-Sauce.

Für 5 Personen/
10 kleine Knödel
1400 g Süßkartoffeln
4 Bananen
Sonnenblumenöl
16 EL Kokosraspel
Salz
2 Dosen Kokosmilch
200 g Maisgrieß (Polenta)
4 EL Ahornsirup

DUMPLINGS

xxx 150 ml Wasser zum Kochen bringen und das Mehl mit dem heißen Wasser übergießen. Mit einem Holzlöffel rühren, bis das Mehl sich mit dem Wasser verbunden hat. Dann mit den Händen zu einem glatten Teig kneten, salzen und erneut verkneten. Der Teig soll nicht mehr klebrig sein.

xxx Den Teig zu kleinen Kugeln formen und auf einem bemehlten Untergrund zu Teigfladen mit 5 cm Durchmesser auseinanderdrücken.

xxx Die Chilischote waschen, putzen und fein hacken. Das Gemüse so klein wie möglich schneiden (sonst durchbohrt das Gemüse den Teig) und mit etwas Olivenöl in einer Pfanne scharf anbraten. Mit der Sojasauce ablöschen, das Gemüse beiseitestellen.

xxx Jeweils 1 TL Gemüse in die Teigmitte geben und die Fladen wie kleine Päckchen verschließen. Den äußeren Rand mit etwas Wasser befeuchten, so dass die Dumplings wirklich gut verschlossen sind.

xxx Die Dumplings in kleinen Portionen in einem Siebeinsatz über kochendem Wasser 10–15 Minuten dämpfen. Bis zum Verzehr warm stellen. Zu den Dumplings passt eine scharfsüße Tomatensauce.

Für 4 Personen/
12 Dumplings
150 ml Wasser
450 g Mehl
1 Prise Salz
1 kleine Chilischote
1 kleine Zucchini
1 Karotte
50 g Weißkraut
1 EL Olivenöl
1 EL helle Sojasauce

CHINKALI

✕✕ Die Hälfte des Mehls, die Eier, 1 TL Salz, 1 EL Olivenöl und das Wasser in eine Schüssel geben und mit dem Knethaken durchrühren. Nach und nach das restliche Mehl zugeben und am Schluss den Teig mit den Händen kneten, damit ein schöner, gleichmäßiger Teig entsteht. Falls er zu klebrig ist, kann noch Mehl hinzugefügt werden. Anschließend den Teig in eine Frischhaltefolie einschlagen und ca. 30 Minuten im Kühlschrank ruhen lassen.

✕✕ Die Schalotten schälen und in feine Würfel schneiden. Etwas Butter in einer beschichteten Pfanne schmelzen und die Schalottenwürfel leicht darin anbräunen. Die Walnusskerne fein hacken und anschließend mit dem Käse in den Schmand rühren und mit Salz und Pfeffer würzig abschmecken.

✕✕ Den Teig auf einer bemehlten Arbeitsfläche ca. 2 mm dick ausrollen und mit einem Trinkglas Kreise ausstechen. Nun die Teigkreise nochmals in Mehl wenden und mit dem Nudelholz dünn ausrollen. Anschließend pro Kreis einen Klecks Schmand-Mischung in die Mitte geben, sodass die Ränder frei bleiben, und die Kreise mittig zusammenklappen. Die Ränder fest andrücken.

✕✕ Einen großen Topf Salzwasser zum Kochen bringen und die Chinkali ca. 4 Minuten leicht köcheln lassen. Die abgetropften Chinkali auf Teller verteilen und mit etwas zerlassener Butter und grobem Pfeffer garnieren.

Für 4 Personen/16 Stück

500 g Mehl
2 Eier
Salz
1 EL Olivenöl
140 ml Wasser
2 Schalotten
etwas Butter
40 g Walnusskerne
50 g geriebener würziger
    Hartkäse
400 g Schmand
Pfeffer

Ganz besondere
KNÖDEL

„*Laßts nur net aus, so lang no a Knödel im Hafn is!*"
Redensart aus den Bayerischen Alpen, Altbayern und Tirol

Geröstete **KNÖDEL** *mit Petersilienpesto*

xxx Die Petersilie waschen, trocken schütteln und die Blätter von den Stängeln lösen. Anschließend die Petersilienblätter, das Olivenöl, die Pinienkerne, den Parmesan sowie Salz und Pfeffer in ein höheres Gefäß geben und mit dem Pürierstab zu einem sämigen Pesto verarbeiten.

xxx Die Gemüsezwiebel schälen und in Ringe schneiden. Die Pilze vorsichtig mit einem feuchten Tuch säubern und in Scheiben schneiden. Etwas Butter in einer beschichteten Pfanne schmelzen, darin die Pilze anbräunen und am Schluss mit Salz und Pfeffer würzen. Die Pilze warm stellen.

xxx In einer großen Pfanne das Sonnenblumenöl erhitzen, die Knödelscheiben mit den Zwiebelringen anbraten und mit Salz und Pfeffer abschmecken. Anschließend die Knödelscheiben auf einem Teller anrichten, die Pilze darauf verteilen und mit Petersilienpesto beträufeln.

Für 4 Personen/4 Knödel

Pesto

1 Bund Petersilie (ca. 50 g)
10 EL Olivenöl
50 g Pinienkerne
40 g Parmesan
Salz
Pfeffer

Knödel

1 mittelgroße Gemüsezwiebel
6 große braune Champignons
etwas Butter
3 EL Sonnenblumenöl
4 Kartoffelknödel
(am besten vom Vortag,
Rezept siehe Seite 11)

Saure KNÖDEL

✕✕✕ 2 EL Olivenöl in einer beschichteten Pfanne erhitzen und die Kerne darin goldbraun anrösten. Dann die Kerne vom Herd nehmen und mit groben Meersalz würzen.

✕✕✕ Die Zwiebel schälen und in Ringe schneiden. Die Semmelknödel in Scheiben schneiden und auf einem Teller oder einer Platte verteilen. Das Kürbiskernöl, das restliche Olivenöl und den Rotweinessig in ein Schälchen geben und gut verrühren. Anschließend das Dressing über die Knödel träufeln und mit den Zwiebelringen, den gerösteten Kernen und der Kresse garnieren. Zum Schluss mit Salz und groben Pfeffer würzen.

Für 4 Personen/4 Knödel

4 EL Olivenöl
4 EL Kerne-Mischung
 (z.B. Vital-Kerne-Mix von
 Seeberger)
grobes Meersalz
1 mittelgroße rote Zwiebel
4 Semmelknödel
 (Rezept siehe Seite 13)
2 EL Kürbiskernöl
4 EL Rotweinessig
1 Kästchen Kresse
Salz
grober Pfeffer

Kaspress**KNÖDEL**

✕✕✕ Das Weißbrot in feine Würfel schneiden und in eine große Schüssel geben. Die Milch lauwarm erwärmen, über die Brotwürfel geben und die Brotwürfel ca. 30 Minuten quellen lassen.

✕✕✕ Die Petersilie ebenfalls waschen, trocken schütteln und ohne Stiele fein hacken. Die Gemüsezwiebel schälen und in 20 g Butter in einer beschichteten Pfanne goldbraun anrösten. Die beiden Käsesorten würfeln. Anschließend die eingeweichten Brotwürfel, die Eier, die Petersilie, die Zwiebeln, die Käsewürfel und das Mehl vermengen. Mit Salz, Pfeffer und Muskat abschmecken und gleichmäßige flache Knödel formen.

✕✕✕ Die restliche Butter in einer beschichteten Pfanne schmelzen und die Kaspressknödel portionsweise anbraten.

×*Tipp*×
Kaspressknödel sind besonders lecker zu einem frischen Blattsalat oder als Suppeneinlage.

Karotten-Sesam-KNÖDEL

xxx Die Kartoffeln waschen. Wasser in einem Topf zum Kochen bringen und die ungeschälten Kartoffeln ca. 15 Minuten weich kochen.

xxx Die Karotten schälen, in einer Pfanne in Olivenöl anbraten, mit der Gemüsebrühe aufgießen und bei geschlossenem Deckel ca. 15 Minuten weich kochen. Restliche Brühe abgießen, anschließend die Karotten in eine Rührschüssel geben und mit dem Pürierstab zu einer glatten Masse pürieren.

xxx Inzwischen die Kartoffeln schälen und vierteln. Die noch heißen Kartoffeln durch die Kartoffelpresse zu dem Karottenpüree pressen. Das Mehl unterheben und alles zu einem glatten Teig verkneten. Den Teig salzen und pfeffern, erneut kneten. Danach mit bemehlten Händen Knödel formen.

xxx Wasser zum Kochen bringen, von der Kochstelle nehmen, die Knödel vorsichtig hineingeben und ca. 10–15 Minuten ziehen lassen.

xxx Den Sesam in einer Pfanne erhitzen und vorsichtig anbräunen. Die Knödel vor dem Servieren im Sesam wälzen.

x Tipp x
Die Knödel schmecken auch gut als Gröstl. Dann den angebräunten Sesam einfach über das Gröstl streuen. Dazu passt Salat oder blanchiertes Gemüse.

Für 4 Personen/8 Knödel
2 große Kartoffeln
500 g Karotten
2 EL Olivenöl
200 ml Gemüsebrühe
120 g Mehl
Salz
Pfeffer
8 EL Sesam

Süße
KNÖDEL

Kloß (thüringisch), Hütes (hessisch),
Kleeß (südhessisch), Knopp (pfälzisch),
Knödel (bayrisch), Kneedl (schwäbisch),
Gniedla (fränkisch)

Marillen**KNÖDEL**

xxx Die Marillen waschen und entkernen.
Das Wasser in einem Topf erhitzen und mit einer
Prise Salz und 60 g Butter aufkochen. Anschließend
bei reduzierter Temperatur das Mehl nach und nach
in die Flüssigkeit geben und den Teig so lange rühren, bis er sich vom Topfrand löst. Den Topf vom
Herd nehmen, den Teig etwas abkühlen lassen und
die 2 Eier dazugeben.

xxx Nun den Teig durchkneten, zu einer 4 cm dicken
Rolle formen und 10 Stücke abschneiden. Die Stücke flachdrücken und die Marillen darin einhüllen.

xxx 50 g Butter in einer beschichteten Pfanne
schmelzen und die Semmelbrösel darin goldbraun
rösten. Nach dem Abkühlen werden die Semmelbrösel mit dem Puderzucker vermischt.

xxx Einen großen Topf mit Salzwasser erhitzen und
die Knödel darin ca. 10–12 Minuten leicht köcheln
lassen. Anschließend die Knödel aus dem Salzwasser nehmen und in der Brösel-Zucker-Mischung
wälzen.

Für 5 Personen/10 Knödel

10 Marillen (Aprikosen)
400 ml Wasser
1 Prise Salz
110 g Butter
400 g griffiges Mehl
2 Eier
100 g Semmelbrösel
100 g Puderzucker

Kirsch**KNÖDEL**

xxx Den Magerquark in einer Schüssel mit dem Zucker, den Eiern, dem Grieß und der Zitronen-schale gut verrühren. Am Schluss das Mehl unter-rühren. Den Teig mindestens 1 Stunde kühl stellen.

xxx Die Kirschen abtropfen lassen. Den Teig mit bemehlten Händen in 8 Portionen teilen und flach drücken. Jeweils 2 Kirschen in die Mitte geben und mit Zimt bestreuen. Mit dem Teig die Kirschen umschließen und zu Knödeln formen.

xxx Wasser zum Kochen bringen, die Temperatur reduzieren und die Knödel ca. 15 Minuten im siedenden Wasser ziehen lassen. Die Knödel vor-sichtig aus dem Wasser nehmen und sofort in dem Krokant wälzen.

Für 4 Personen/8 Knödel

250 g Magerquark
50 g Zucker
2 Eier
100 g Weichweizengrieß
1 EL abgeriebene Bio-Zitronenschale
150 g Mehl
1 kleines Glas Schattenmorellen
   (Abtropfgewicht ca. 180 g)
1 EL Zimt
50 g Haselnusskrokant

Blaubeer**NOCKEN**

xxx Die Eier trennen und die Eiweiße mit 1 Prise Salz steif schlagen. Die Eigelbe in eine große Schüssel geben und mit 2 EL Zucker und dem Vanillemark schaumig rühren. Anschließend die Milch hinzufügen und portionsweise das Mehl unterrühren. Den Teig ca. 10 Minuten quellen lassen.

xxx Die Blaubeeren waschen, entstielen und gut trocken tupfen.

xxx Den Eischnee vorsichtig mit einem Schneebesen unter den Teig heben. Butter in einer beschichteten Pfanne schmelzen, mit einem Esslöffel den Teig in Nocken in die Pfanne setzen und die Nocken langsam rundum goldbraun braten. Genügend Platz zwischen den Nocken lassen, da der Teig etwas zerfließt. Zum Schluss die fertigen Blaubeernocken mit Puderzucker bestäuben.

Für 4 Personen/50 Nocken
4 Eier
1 Prise Salz
3 EL Zucker
Mark von ½ Vanilleschote
300 ml Milch
250 g Mehl
400 g Blaubeeren
Butter
Puderzucker

Zwetschgen**KNÖDEL**

xxx Die Kartoffeln kochen, schälen und noch warm durch eine Kartoffelpresse drücken. Die Kartoffeln abkühlen lassen, dann das Mehl und ¼ TL Salz hinzufügen und das Ganze zu einem Teig verarbeiten.

xxx Die Zwetschgen waschen, entkernen und halbieren. Aus dem Teig ca. 10 kleine Knödel formen, in die Mitte je eine halbe Zwetschge geben und die Zwetschgen mit Teig umhüllen. Einen Topf mit Salzwasser zum Kochen bringen, die Knödel ins Salzwasser geben und ca. 20 Minuten ziehen lassen.

xxx Die Butter in einem kleinen Topf schmelzen, die Semmelbrösel und den Puderzucker zugeben und hellbraun anrösten. Kurz vor dem Servieren wird jeder Knödel mit 1 TL Semmelbrösel-Zucker-Butter garniert.

Für 5 Personen/10 Knödel

540 g mehligkochende
 Kartoffeln
100 g Mehl
Salz
5 Zwetschgen
60 g Butter
2 EL Semmelbrösel
1 EL Puderzucker

Nuss-Nougat-KNÖDEL

xxx Das Wasser in einem Topf erhitzen und mit einer Prise Salz und 60 g Butter aufkochen. Anschließend bei reduzierter Temperatur das Mehl nach und nach in die Flüssigkeit geben und den Teig so lange rühren, bis er sich vom Topfrand löst. Den Topf vom Herd nehmen, den Teig etwas abkühlen lassen und die 2 Eier dazugeben.

xxx Nun den Teig durchkneten, zu einer 4 cm dicken Rolle formen und 16 Stücke abschneiden. Die Stücke etwas auseinanderdrücken und ½ TL Nuss-Nougat-Creme in die Mitte setzen. Anschließend vorsichtig die Füllung mit dem Teig umhüllen und schließen.

xxx Die gehackten Haselnüsse in einer beschichteten Pfanne goldbraun rösten.

xxx Einen großen Topf mit Salzwasser erhitzen und die Knödel ca. 8 Minuten leicht köcheln lassen. Anschließend die Knödel aus dem Salzwasser nehmen und in den Haselnüssen wälzen. Zum Servieren die Knödel noch mit etwas Puderzucker bestäuben.

Für 4 Personen/16 Knödel

400 ml Wasser
1 Prise Salz
60 g Butter
400 g griffiges Mehl
2 Eier
100 g Nuss-Nougat-Creme
100 g gehackte Haselnüsse
Salz
Puderzucker

Milchreis**KNÖDEL**

✖✖ Die Milch in einem Topf erhitzen und den Milchreis mit 1 EL Zucker hinzufügen. Anschließend 320 g Sahne angießen, die Hitze reduzieren und den Milchreis bei geringer Hitze ca. 30 Minuten garen. Währenddessen den Deckel verschließen, aber den Milchreis immer wieder umrühren, damit er nicht anbrennt.

✖✖ Die Birne schälen, entkernen und in 1 cm große Würfel schneiden. Etwas Wasser mit 2 TL Zucker und dem Zitronensaft in einem kleinen Topf erhitzen und die Birnenwürfel darin bissfest garen.

✖✖ Den Backofen auf 200 °C vorheizen. Den Milchreis abkühlen lassen und dann mit feuchten Händen Knödel formen, die mit einem Birnenstück gefüllt werden. Die Knödel in eine Auflaufform setzen, 80 g Sahne angießen und den braunen Zucker über die Knödel verteilen. Nun die Knödel bei 200 °C im Backofen ca. 15 Minuten gratinieren, dabei die letzten 5 Minuten den Grill dazuschalten.

✕ *Tipp* ✕
Besonders lecker schmecken die Milchreisknödel mit Wildpreiselbeeren und den restlichen Birnenstückchen.

Für 4 Personen/8 Knödel

1280 ml Milch
400 g Milchreis
1 EL + 2 TL Zucker
400 g Sahne
1 Birne
Saft von ¼ Zitrone
2 EL brauner Zucker
4 EL Wildpreiselbeeren
   (aus dem Glas) zum Servieren

Apfel-Quark-KNÖDEL

xxx Den Apfel schälen, vierteln und entkernen. In kleine Würfel schneiden. Die Apfelwürfel in 1 TL Butter in einem kleinen Pfännchen erhitzen und mit dem Apfelsaft ablöschen. Wenn die Flüssigkeit reduziert ist, die Apfelwürfel beiseitestellen und abkühlen lassen.

xxx 35 g Butter mit dem Zucker und dem Ei schaumig schlagen. Den Magerquark, das Salz und den Vanillezucker unterrühren. Die kalten Apfelwürfel unter die Masse rühren und 3 EL Mehl unterheben. Die Masse 1 Stunde in den Kühlschrank stellen.

xxx Danach mit dem restlichen Mehl die Hände bemehlen und kleine Knödel formen. Wasser zum Kochen bringen, von der Kochstelle nehmen, die Knödel vorsichtig hineingeben und ca. 8–10 Minuten ziehen lassen.

xxx 25 g Butter in einem Pfännchen erhitzen und die Mandelblättchen darin vorsichtig anbräunen. Die Knödel in den Mandelblättchen wälzen und mit etwas Puderzucker bestäuben.

x Tipp x
Diese Portion ist eine Nachspeisenportion. Wenn die Apfel-Quark-Knödel eine Hauptspeise sein sollen, muss das Rezept verdoppelt werden.

Für 4 Personen/4 Knödel
1 Apfel
60 g Butter +
    etwas zum Anbraten
1 EL Apfelsaft
10 g Zucker
1 Ei
125 g Magerquark
1 Prise Salz
1 TL Vanillezucker
4 EL Mehl
Mandelblättchen
1 EL Puderzucker

Register

Bildnachweis

Istockphoto: S. 2 (Zaira Zarotti), S. 6 (Mikolette),
S. 70/71 (Maria Brzostowska), S. 86 (Elzbieta Sekowska).
Alle weiteren Fotos: FUCHS DESIGN
Foodstyling: Susanne Heindl

Die Autorinnen

Susanne Heindl, geboren 1970, studierte Ökotrophologie in
Freising-Weihenstephan. 1999 gründete sie mit zwei Studien-
kolleginnen die Ernährungsberatung „esslust" mit dem Motto
„gutes Essen – gutes Leben" (www.esslust.com). Susanne Heindl
lebt mit ihrem Mann und ihren beiden Kindern in einem Vorort
von München.

Sabine Fuchs, geboren 1965, studierte Grafik-Design in Nürnberg.
Nach Stationen in Werbeagenturen in Seattle, Hamburg und München machte
sie sich 1995 als Art-Directorin selbstständig. 2002 wurde FUCHS DESIGN
gegründet; der Schwerpunkt des Designbüros ist Buchgestaltung und
Corporate Design (www.fuchs-design.biz). Sabine Fuchs lebt mit ihrem Mann
und ihren beiden Töchtern in Ottobrunn bei München.

Von Susanne Heindl und Sabine Fuchs sind im Thorbecke Verlag
bereits erschienen: *Möhrenpesto und Maronicreme,
Paprikapesto & Pfirsichchutney, Weihnachtsgeschenke aus der Küche.*